BARREAU DE PARIS

ÉLOGE
DE
JULES NICOLET

DISCOURS

PRONONCÉ A L'OUVERTURE DE LA CONFÉRENCE DES AVOCATS

LE LUNDI 1er DÉCEMBRE 1884

PAR

GEORGES FLOGNY

AVOCAT A LA COUR D'APPEL

Imprimé aux frais de l'Ordre

PARIS
IMPRIMERIE JOUAUST ET SIGAUX
Rue Saint-Honoré, 338

M DCCC LXXXIV

ÉLOGE

DE

JULES NICOLET

BARREAU DE PARIS

ÉLOGE

DE

JULES NICOLET

DISCOURS

PRONONCÉ A L'OUVERTURE DE LA CONFÉRENCE DES AVOCATS

LE LUNDI 1er DÉCEMBRE 1884

PAR

GEORGES FLOGNY

AVOCAT A LA COUR D'APPEL

Imprimé aux frais de l'Ordre

PARIS

IMPRIMERIE JOUAUST ET SIGAUX

Rue Saint-Honoré, 338

M DCCC LXXXIV

ÉLOGE

DE

JULES NICOLET

MONSIEUR LE BATONNIER,

MESSIEURS ET CHERS CONFRÈRES,

DANS la galerie où le barreau conserve les images de ceux qui l'ont illustré, parmi toutes ces physionomies qui reflètent une si grande variété de tempéraments et de caractères, il en est une qui fixe aussitôt l'attention par sa grâce originale et souriante. Les traits finement dessinés, le front large et élevé, le regard rayonnant de vivacité et d'intelligence, l'air confiant et heureux, lui donnent un relief saisissant. L'impression qu'elle éveille est une impression de distinction et de charme plus encore que de force et de puissance.

Cette reproduction de Nicolet est bien l'image de son talent. Le talent de l'avocat présente en effet la finesse, la distinction, la grâce virile, l'éclair de cette physionomie que l'on dirait saisie dans le feu de la conversation;

et la personnalité jaillit en même temps que la ressemblance sous le ciseau du statuaire, qui met au service d'un sentiment exquis toute la délicatesse de son art.

Il y a six ans, presque à la même date, Nicolet présidait la séance d'ouverture de la Conférence. Vous savez avec quel éclat! Qui eût pu croire, parmi ceux qui l'écoutaient alors en l'applaudissant, que l'avenir fût si parcimonieusement mesuré à ce talent qui avait conservé la sève et la fraîcheur des plus belles années! Personne ne soupçonnait l'ironie cruelle de la destinée qui, en lui permettant de recevoir de la main de ses confrères le titre de bâtonnier, devait lui refuser la jouissance de ces honneurs si légitimement acquis. Aujourd'hui, dans ce Palais encore plein de son souvenir, la bienveillante désignation du Conseil de notre Ordre me permet de faire revivre devant vous son image; et je vais essayer de fixer les traits de cette figure délicate avec le désir de ne pas altérer sa pureté.

Nicolet naquit à Paris le 19 février 1819. Son père était à la tête d'une entreprise commerciale. Élevé avec la plus tendre sollicitude par sa mère, femme d'un rare mérite et qui avait en elle quelque chose de cette distinction et de cette élégance dont le XVIIIe siècle a fourni le modèle, Nicolet devait conserver toute sa vie l'empreinte de cette nature aimante. Il entra comme boursier au collège Rollin; et ce fut là que le succès vint s'attacher à son nom pour ne plus le quitter. En rhétorique, il remportait au concours général le second prix de discours français. Le sujet de la composition était la défense de Walter Raleigh, le célèbre navigateur anglais, contre lequel des ennemis politiques demandaient l'exécution d'une sentence de mort.

Dans ce discours qui a été conservé [1], le talent du futur avocat perçait déjà sous la plume du rhétoricien; et, en présentant d'office la défense de son client, Nicolet séduisit les juges du concours autant par le mouvement oratoire de la discussion que par la fermeté et l'élégance de son style. Le jour de la distribution des prix, lorsqu'il vint recevoir sa couronne, il attira l'attention de Mme de Girardin, qui a consigné dans ses *Lettres parisiennes* le nom du jeune lauréat, dont la physionomie fine, pétillante d'intelligence, et où l'avenir semblait mettre une promesse, avait frappé ses regards. Ce succès littéraire décida de son avenir. Le principal du collège Rollin, M. Defauconpret, lui conseilla d'entrer au barreau et d'abandonner la carrière scientifique, où un goût assez prononcé semblait l'engager. Nicolet suivit ce conseil et se fit inscrire aux cours de la Faculté de droit.

---

1. J'emprunte à la notice composée sur Nicolet par Me Albert Martin et lue à la réunion de l'Association des anciens secrétaires de la Conférence un des passages de ce discours. Walter Raleigh devait soutenir dans son plaidoyer supposé que cette condamnation était purgée par des faits postérieurs.

« Était-ce donc un condamné à mort qui, commandant de toute une escadre sous le glorieux pavillon britannique, traversait en maître tout l'Océan, et conduisait pour la quatrième fois une armée navale en Amérique? Était-ce donc un condamné à mort que l'on chargeait de fonder une colonie et un empire? Proclamez donc, Milords, proclamez en face de l'Europe que le roi Jacques Ier avait choisi pour le représenter, lui et la nation anglaise, sur sa flotte et dans le Nouveau-Monde, un traître, un homme qu'il savait vendu à l'Espagne, un misérable condamné à mort! Vendu à l'Espagne, Milords! Certes, autrefois, une telle accusation soulevait dans mon cœur toute mon indignation; maintenant elle n'excite plus en moi que le sourire du dédain. Condamné autrefois pour avoir conspiré avec les Espagnols, je vais subir ma sentence pour les avoir trop bien combattus! Étrange contradiction qui, elle seule, me justifie. »

En même temps, il était admis comme clerc dans l'étude de Me Denormandie, où il allait rencontrer plusieurs jeunes gens doués de tempéraments très contraires, pour qui la procédure était plutôt un moyen qu'un but, et qui devaient suivre des carrières très diverses. Les échos de l'étude étaient fréquemment agités par des discussions qui ne prenaient pas pour texte le Code de procédure, mais où les questions d'art et de littérature occupaient la première place, et avaient tour à tour pour champions ou pour contradicteurs Nicolet, Forcade de La Roquette, Chamblain, Fromentin, que le génie de la peinture obsédait parfois au milieu de l'examen des dossiers, et qui succombait à ses obsessions en couvrant le papier, les tables et les murs des révélations curieuses, mais parfois inopportunes, de son talent en voie d'éclosion. Licencié en droit, Nicolet se fit inscrire au stage le 4 juin 1842, prit part au concours de la Conférence, et obtint les honneurs du secrétariat. La Conférence était alors présidée par M. Chaix d'Est-Ange, dont la parole devait exercer sur le jeune stagiaire, plus que sur tout autre, une irrésistible séduction.

La même année, il plaidait devant la Cour sa première affaire. Un client de Me Denormandie, qui était en même temps un ami de la famille de Nicolet, avait un procès pendant en appel. L'affaire était hérissée de chiffres et de difficultés. Me Denormandie conseilla à son client de porter le dossier à Nicolet. Le client vint trouver le jeune avocat, qui fut à la fois étonné, ravi et un peu troublé à la vue des intérêts importants qu'il allait représenter; mais peu de temps après il eut la joie de gagner son procès.

L'émotion de la première plaidoirie avait été bien vive.

Elle n'était rien en comparaison de celle que lui réservait la seconde. Nicolet avait rencontré dans le monde et dans le cercle même des amis de sa famille une jeune fille dont son cœur s'était passionnément épris. Mais son avenir était encore très incertain ; il comprit qu'il devait attendre, et il se résigna. Il n'avait cependant pas désespéré des dieux de la jeunesse ; et bientôt il fut chargé d'une affaire qui intéressait la famille dans laquelle il désirait si vivement entrer.

Le jour de l'audience, il se leva tout rempli d'une émotion dont la source, pour être invisible et cachée au public, n'en était pas moins profonde, et il plaida... avec le cœur. Il fit une admirable plaidoirie. Les juges, charmés et convaincus, rendirent un jugement qui eut dans deux jeunes cœurs le plus sympathique écho. On ne pouvait douter de l'avenir d'un talent qui s'affirmait avec cet éclat, et mettait tant d'éloquence au service de la vérité ; et, comme tout est bonheur aux gens heureux, Nicolet put quelque temps après faire asseoir au foyer de son humble cabinet de travail une compagne qui, à la grâce de la femme, devait joindre le goût d'une artiste de grand talent.

Nicolet avait à peine débuté à la barre qu'il eut l'occasion de faire ses preuves dans une grande affaire contre Billault, et « par un coup d'essai de se signaler par un coup de maître ».

Il a raconté lui-même, en employant le style indirect, les péripéties diverses de ce procès. Je lui laisse la parole :

« Il s'agissait d'une fort grosse affaire pendante devant la première chambre de la Cour, présidée par le premier président Séguier, de la liquidation d'une entreprise commencée dès avant 1830 pour l'ouverture d'un canal maritime du Havre à Paris. C'était à qui s'en retirerait sain et sauf ou le moins malade possible.

« Un ami de la famille, dont les intérêts étaient compromis dans l'affaire, demanda au jeune avocat de débrouiller le chaos pour mettre au courant des choses Me Fontaine d'Orléans qui devait plaider pour lui, et auquel le temps manquait pour les bien approfondir. L'offre acceptée, une énorme caisse arriva chez Nicolet, qui ne fut point effrayé de son ampleur et en dévora le contenu. Le travail achevé, et il avait été dur, il alla voir Me Fontaine, et s'excusa de la hardiesse qu'il avait eue de se faire son secrétaire, peut-être à son insu; puis il exposa l'affaire.

« Puis-je espérer, dit-il en terminant, que ce travail vous sera utile? — Il me l'eût été beaucoup, mon cher confrère, mais il me l'est beaucoup moins maintenant. — Pourquoi donc, Monsieur? — Parce que c'est vous qui plaiderez. »

« Le jour de la plaidoirie arrivé, il ne fallut rien moins que l'assistance de Me Fontaine, qui était venu se placer à ses côtés, prêt à le soutenir pour donner du cœur au jeune avocat. L'importance du procès, la foule et la qualité des auditeurs, enfin la brusquerie redoutée du président de la Cour, tout contribuait à l'émouvoir. Un nuage lui passa sur les yeux quand il se leva pour prendre la parole. Mais sa résolution était arrêtée; il devait profiter de cette occasion unique ou rester dans les rangs de la multitude. Il plaida, et plaida pendant trois heures, encouragé dès les premières phrases par Séguier lui-même; et lorsqu'il cessa de parler, la Cour le complimenta. »

Il avait lutté contre Billault, triomphé et marqué sa place.

Le succès rapide, presque instantané, voilà l'originalité des débuts de Nicolet dans une carrière qui n'a souvent, même pour les heureux, que de tardives complaisances ; et fait d'une attente anxieuse le lot des années de la jeunesse. Mais Nicolet n'a eu à connaître ni la mélancolie stérile des regrets, ni les désirs impatients de l'attente. Dès qu'il paraît à la barre, sa réputation commence au Palais. Les circonstances favorables mettent en lumière les dons de sa nature privilégiée ; et au lendemain de ses débuts les affaires importantes affluent au cabinet de l'avocat. Son talent, qui offrait, suivant la gracieuse image du poète, le piquant contraste « d'un fruit mûr sur une tige jeune et tendre », éveille l'attention de ses confrères ; et ce jeune homme, à l'air souriant etdécid é, à l'attitude pleine de hardiesse et d'aisance, tout rempli de cette assurance qu'entretenaient chez lui le désir et le besoin de réussir, apparut bientôt, aux regards de tous, comme marqué du signe des élus. Personne ne douta qu'il ne dût s'élever un jour aux premiers rangs du barreau.

Nicolet sut réaliser les espérances dont il était l'objet. En 1848, il plaidait contre Delangle une affaire retentissante, et il mérita ce compliment, qui de la part d'un tel adversaire n'était pas banal : « J'ignore ce qui a été dit en première instance pour Mme de la Moskowa, mais je crois qu'elle n'a rien perdu à changer de défenseur. Je déclare qu'il est impossible d'apporter plus de talent et de modération dans l'exposition et le développement de la cause que n'en a apporté mon jeune confrère. »

La confiance de ses clients allait bientôt lui faire rencontrer comme adversaires les maîtres qui, fidèles à la barre, illustraient notre Ordre et ceux qui, ramenés au

Palais par les révolutions et les événements politiques, devaient nous montrer tout ce qu'acquiert la parole humaine de force et d'élévation, quand elle a été mêlée aux luttes de la liberté.

Ces épreuves redoutables assouplirent et fortifièrent le talent du jeune avocat, qui prit ainsi rapidement une importante situation au Palais. « Ce doit être un charme sans égal, a écrit un des amis les plus fidèles de Nicolet[1], un de ceux dont l'amitié honore le plus, lorsque le succès vient à son heure, dans les pleines années de la jeunesse, pour en redoubler les ardeurs et mettre le comble à ses enchantements. » Nicolet connut et put savourer ce charme sans égal. De nombreux succès donnèrent parmi nous un plein essor à sa renommée ; mais son nom était encore enfermé au Palais, quand une cause retentissante l'en fit sortir ; et, particularité singulière dans la carrière de Nicolet, ce fut une affaire criminelle, le procès Orsini, qui répandit sur lui les premières lueurs de la célébrité.

Il était chargé de défendre Gomez, complice d'Orsini, celui-là même qui avait livré par ses aveux le nom de ses complices. Nicolet sollicitait le jury de ne pas faire peser sur les quatre accusés le niveau d'un verdict également impitoyable, et d'accorder à Gomez le bénéfice des circonstances atténuantes. La difficulté pour l'avocat était partout : dans l'horreur inspirée par l'attentat qui avait fait de nombreuses victimes ; dans l'attitude équivoque prise par Gomez qui n'alléguait comme excuse que son obéissance aveugle aux ordres d'Orsini, dont il n'avait connu le dessein, disait-il, qu'à la dernière heure ; enfin, dans la

1. ROUSSE, Préface des *Plaidoyers* de Chaix d'Est-Ange.

magnifique plaidoirie de Jules Favre, qui avait entouré la tête d'Orsini d'une auréole de grandeur, presque de poésie, en faisant briller autour d'elle les grandes images de la liberté, de l'indépendance et de l'unité de l'Italie. Sous cette parole à la fois ardente et sombre, le personnage d'Orsini se transformait; l'imagination était tentée de voir dans l'accusé une nouvelle victime du fanatisme politique autant que l'auteur d'un crime odieux; et le dédain superbe devant la mort de ce jeune homme qui avait demandé à Jules Favre de défendre non pas sa vie, mais sa mémoire, faisait un singulier contraste avec l'attitude pleine de trouble et d'effroi de Gomez qui, sans l'entraînement de la passion politique, avait exécuté la consigne de l'assassinat avec le sang-froid et l'insouciance d'un mercenaire.

Pour dissiper dans l'esprit du jury toutes les préventions qu'avait amassées contre lui l'attitude de son client, Nicolet dut faire appel à toutes les ressources de sa parole. Dans l'enceinte où vibraient encore les dramatiques accents de la voix de Jules Favre, la belle et émouvante défense de Nicolet fut écoutée, et obtint à son client le bénéfice des circonstances atténuantes.

La plaidoirie de Nicolet eut un vif retentissement en dehors du Palais. Sa situation grandit encore au milieu de nous; et, en 1862, les suffrages de ses confrères le faisaient entrer dans les rangs du Conseil. C'est ici, Messieurs, que je voudrais arrêter vos regards pour les fixer sur les traits caractéristiques de son talent.

Nicolet était un de ces heureux dont il parlait dans son discours du bâtonnat « pour qui la nature prodigue a par avance aplani les aspérités de la route » : elle lui avait départi une intelligence vive et prompte, une remarquable souplesse d'esprit, et ce don essentiel de l'orateur, « la puissance d'émouvoir et d'être ému ». Elle lui avait également inspiré le désir de plaire; et cette secrète préoccupation de son esprit marquait sa personne et ses discours d'une originale empreinte. Les anciens enseignaient que l'orateur devait prouver, plaire et émouvoir. Nicolet observait ces préceptes, mais en intervertissant leur ordre. Il cherchait à plaire avant de prouver. Sa dialectique était plus insinuante que nerveuse, et plus fine que serrée. Nul mieux que lui n'a démontré la vérité de cette pensée de Pascal « que l'art de persuader consiste autant en celui d'agréer qu'en celui de convaincre ».

L'exposition était la partie maîtresse et comme la clef de voûte de ses plaidoiries. Il exposait et déduisait beaucoup plus qu'il n'argumentait; mais le commentaire des faits ou du droit était introduit avec tant d'habileté, il prenait si logiquement son relief au moment opportun, que souvent la démonstration se trouvait faite lorsque l'exposition s'achevait. Cette méthode, qui s'interdit les retouches et doit du premier jet arriver au trait définitif, suppose, ou une faculté exceptionnellement puissante, ou un rare assemblage de qualités précieuses. Mais la nature et le travail avaient donné à Nicolet tout ce qui devait en assurer le succès : un art merveilleux d'intéresser et de passionner la cause; une clarté de pensée qui perçait droit au but; une science profonde des moyens. Il avait l'intelligence des affaires comme celle des choses de l'esprit; et ce n'était pas un des moindres sujets d'admiration que ce surprenant contraste d'un talent, amoureux des grâces du langage, interprète éloquent des sentiments de l'âme, qui se pliait sans effort apparent à l'étude des questions les plus arides de finance, d'industrie et de contrefaçon. Groupant les chiffres avec précision, Nicolet excellait à dépouiller les affaires les plus complexes de leurs aspérités et à les orner de brillantes parures. Il aimait à peindre ce qu'il savait voir; et on pouvait admirer le goût qui présidait à l'agencement et à la combinaison des lignes de sa plaidoirie ; l'habileté consommée avec laquelle il distribuait dans la cause, comme dans un tableau, les ombres et les lumières, pour donner à la démonstration une expression plus saisissante. Joignez à cela une intuition très sûre qui le guidait vers le point capital où devaient porter ses efforts ; cette faculté si précieuse pour l'avocat de décomposer et de réduire les idées les plus abstraites en idées simples, lucides et familières ; et vous aurez, avec l'esquisse incomplète des ressources de ce rare talent, le secret de sa force à la barre.

Pour l'auditoire qui l'écoutait, Nicolet se signalait et s'imposait à l'attention par ces qualités qui sont comme les notes dominantes de ses plaidoiries: la chaleur, l'expansion, l'éclat. Son imagination féconde et mobile pénètre tout. Il analyse les caractères, trace des portraits, fait parler les passions, donne aux personnages qui traversent la cause le mouvement et la vie ; et la grâce achevée du récit, la mise en scène habile des acteurs principaux du drame ou de la comédie qu'il expose, donnent à sa plaidoirie une physionomie pleine d'animation, et renouvellent, en les variant, les émotions ou le plaisir de ceux qui l'écoutent.

Nicolet aurait fait ses réserves sur cette maxime de Pasquier : « L'advocat doit surtout estre sçavant en droit et en pratique, et médiocrement éloquent. » Ils n'auraient pas été de la même école. Dans son discours du bâtonnat il a célébré « l'éclatante beauté du droit ». Sous sa plume l'éloge ne saurait être suspect. Mais le droit, qui tenait la première place dans son estime et son respect, n'occupait pas toujours le même rang dans ses plaidoiries. Les qualités mêmes de son esprit, doué de la faculté de saisir et de créer les rapports des choses, cette sensibilité qui donnait tant de relief à la peinture des passions, le portaient à accorder moins d'importance à l'explication et au commentaire du droit qu'à l'exposition et à la discussion des faits. C'est là surtout que se révélait la merveilleuse souplesse de sa parole. Ennemi des banalités et des lieux communs, il renouvelait l'aspect des idées les plus familières à l'esprit par la grâce, le trait, les recherches du style.

Sa devise en effet, dans les luttes de la barre, était celle de l'orateur romain : *Optimis sententiis verbisque lectissimis dicere.* Très épris de la délicatesse du langage, toujours préoccupé de l'effet et du coloris de l'expression, il s'ingéniait à imprimer à sa pensée les formes d'un art accompli. Il aimait la vérité pour elle-même et pour les ornements dont sa main prenait plaisir à la parer. Il n'était pas entièrement de l'avis de cet écrivain célèbre de l'antiquité, disant qu'il valait mieux revêtir l'orateur d'un vêtement grossier que d'ajustements trop brillants. Selon lui, c'était moins une question de principe qu'une question de mesure; et une certaine coquetterie dans l'ajustement lui semblait donner à la pensée un charme plus insinuant et une séduction plus vive.

Lorsque Nicolet paraissait à la barre, tout révélait en lui l'homme façonné pour les luttes de la parole. La voix d'un timbre sonore et harmonieux, flexible et se prêtant à tous les accents, était un admirable instrument. Sa diction, aussi appréciée au foyer de la Comédie-Française qu'au Palais, répandait sur la plaidoirie une variété de tons qui, dans les causes les plus abstraites, captivait l'attention. A l'audience même, il lisait les pièces et les lettres avec une science si parfaite qu'il en faisait aimer, presque désirer la lecture.

Vous avez conservé, Messieurs, le souvenir de cette action oratoire qui, s'échauffant au gré du discours, en augmentait la force et l'éclat. Nicolet animait la barre comme une scène. Les gestes, l'attitude, les inflexions de voix, les mouvements eux-mêmes, étaient à la fois d'un orateur qui s'abandonne au libre courant de son imagination, et d'un artiste qui a pénétré tous les secrets de l'art de bien dire. Les répliques étaient souvent pour lui le moyen de remporter des victoires difficiles et l'occasion de grands succès. Sous le coup des impressions diverses qu'avait éveillées en lui la plaidoirie de son adversaire, sa nature vibrait tout entière ; livrée à elle-même, elle laissait s'épancher le flot pressé et longtemps contenu des sentiments qui l'avaient agitée; et dans ce grand effort de l'improvisation, Nicolet trouvait ces accents qui font monter l'âme sur les lèvres de l'orateur, et qui, en communiquant aux hommes les émotions dont elle est pleine, assurent à la parole humaine toute sa puissance.

Tels étaient, Messieurs, les admirables côtés de cette nature d'élite, que montraient et voilaient tour à tour les coquetteries d'un esprit, qui semblait quelquefois ne vouloir livrer qu'une moitié de ses trésors. Sa pensée avait des ailes ; mais la préoccupation de la traduire avec toutes ses finesses et toutes ses nuances, le désir d'en achever l'expression, en gênaient parfois l'essor. Il connaissait à merveille la grande route du cœur humain ; et une analyse subtile et raffinée l'engageait à certains jours dans des sentiers un peu détournés. C'étaient là les contrastes de ce talent qui aimait les hauts sommets et les grands horizons, mais qui pour les atteindre plus sûrement demandait beaucoup à l'art, et que l'art seul, par un de ces caprices dont il a le secret, a pu trahir.

Pour dire tous les succès de Nicolet, il faudrait mentionner toutes les grandes affaires qu'il a plaidées ; les procès du Crédit mobilier et de la Société immobilière, des Messageries maritimes contre la Compagnie du Suez. Il soutenait les réclamations des actionnaires contre les administrateurs du Crédit mobilier; et il fut un des promoteurs de cette nouvelle jurisprudence, qui posait d'une manière si ferme le principe de la responsabilité des administrateurs en matière de société, principe dont la consécration en 1868 fut regardée comme la première revanche de la conscience publique, qui applaudit à la condamnation de cette maxime trop longtemps invoquée : « La fin justifie les moyens ». L'exorde de la plaidoirie peut être cité; les paroles qu'il renferme honorent le caractère de l'homme :

« Je suis bien aise, disait-il, que mes adversaires, en entreprenant la justification des actes du Crédit mobilier, aient affranchi le gouvernement de cette sorte de responsabilité morale que ses adversaires lui ont si souvent et si amèrement reprochée. Pour moi, qui ne suis pas suspect d'hostilité systématique, qui n'ai jamais abdiqué et n'abdiquerai jamais, Dieu aidant, ma liberté d'appréciation, je déplore hautement, qu'au moins par les apparences d'un regrettable patronage, le gouvernement ait encouru le reproche d'une solidarité compromettante. »

Nicolet paraissait rarement à la Cour d'assises ; c'est à la barre des tribunaux civils qu'il a plaidé les causes les plus retentissantes de sa causerie judiciaire. En 1865, il soutenait contre Dufaure et Berryer, avocats de la famille de Montmorency, la validité du décret impérial qui conférait au comte de Talleyrand-Périgord le titre de duc de Montrency ; plus tard, il prononçait une fort belle plaidoirie en défendant le testament du duc de Grammont-Caderousse, contre une demande en nullité intentée par la famille. Le tableau de la mort du duc est du plus dramatique et du plus saisissant effet. Nicolet prit enfin une part active aux débats qui s'engagèrent sur les nombreux testaments du Commandeur Gama Machado. « Les vieillards sont de grands recommenceurs de testaments, observait Léon Duval ; ils sont comme les amoureux dont parle Mme de Sévigné : ils recommencent sans cesse. » Mais le Commandeur avait dépassé la moyenne. Pendant sa vie il avait fait beaucoup de testaments, et à sa mort on trouva soixante-dix codicilles. Cette manie testamentaire n'était pas sa seule originalité. Il avait pour les oiseaux une passion qui l'eût fait mettre par La Bruyère dans sa galerie de portraits sous le nom de Diphile. Il éprouvait un réel plaisir à vivre en leur société. A ses yeux de savant, ils avaient sur les hommes le précieux avantage de confirmer souvent ses théories et de ne les contredire jamais. « Le Commandeur, disait Léon Duval, n'aimait pas les objections ; il avait d'ailleurs trop bonne table pour qu'on lui en fît. » Mais ceux de ses contemporains qui n'étaient pas ses convives ne les lui épargnaient guère ; et leur contradiction était justifiée. Car dans ses ouvrages, d'où le raisonnement semblait avoir banni la raison, le Commandeur exposait tour à tour l'influence des couleurs sur le caractère des individus, et les causes de la supériorité des animaux sur l'homme. Persuadé que ses doctrines pouvaient améliorer le sort de l'humanité, il avait prescrit qu'on les enseignât après sa mort, « en ayant soin de retrancher tout ce qui pourrait froisser l'amour-propre des hommes, et en choisissant les professeurs dans une province connue pour produire des individus doués de bienveillance, ayant en conséquence la tête plate au-dessus de l'oreille, l'occiput développé et la forme oblongue ». Mais, en pensant trop au bonheur de l'humanité, il avait oublié d'assurer celui de ses héritiers les plus proches ; et ceux-ci, après une lecture rapide de ses œuvres et de ses testaments, n'eurent pas de peine à se convaincre « qu'ils exhalaient une forte odeur de folie ». Aussi s'adressèrent-ils au tribunal de la Seine et à la Cour pour demander la nullité des dispositions testamentaires, en s'appuyant sur les erreurs grossières du naturaliste et du savant.

On ne peut évoquer le souvenir de cette affaire sans rappeler aussitôt l'admirable plaidoyer de Léon Duval, qui couvrit la mémoire du Commandeur d'un bouclier ciselé avec un art patient et exquis. Il s'était ingénié à chercher dans l'histoire des erreurs humaines des analogies et des équivalents aux erreurs reprochées à son client ; et pour la plus grande utilité de sa cause, il éleva un monument qui n'était ni à la gloire de l'esprit humain, ni à l'avantage particulier des grands hommes cités à la barre de la Cour... comme témoins. Ce fut à l'ombre de ce monument qu'il lut et qu'il commenta les œuvres du Commandeur. Après lui, Nicolet se leva pour soutenir également, dans l'intérêt de ses clients, la validité du testament, et tirant la conclusion et la moralité du débat telles qu'elles lui apparaissaient, il s'écriait éloquemment :

« On vous montrait M. Machado s'aventurant, lui, débile, vers des cimes qui ne sont accessibles qu'au génie, et, saisi de vertige, roulant aux précipices de la folie : j'aurais voulu qu'on vous montrât ces privilégiés du génie roulant avec lui dans les abîmes qu'ouvrent à la raison humaine les abus de l'étude, l'excès de la logique, l'orgueilleux besoin de tout comprendre et de tout expliquer. Que d'illustres et douloureux exemples se seraient pressés à votre barre ! Dans l'antiquité, Épicure, escorté de ses atomes; Socrate, le plus sage des hommes, esclave de son génie familier ! Plus près de nous, Christophe Colomb, poussé à la découverte d'un monde par des voies mystérieuses qui obsèdent son sommeil ! Descartes, aux prises avec ses tourbillons ! Pascal, l'immortel Pascal, l'effrayant génie, suivant l'expression de Chateaubriand, le sublime halluciné, poursuivi jusque dans sa chambre par un précipice qui ne quittait pas sa droite, et punissant par de puériles tortures infligées à la chair les doutes dont son âme était obsédée !... Eh quoi !... tous monomanes ! tous devenus fous par excès de génie ! tous incapables de tester ! »

Les héritiers, moins que personne, ne soutenaient que le Commandeur fût un fou par excès de génie ; mais bien qu'on pût lui reprocher non pas seulement une heure du sommeil d'Homère, mais des journées entières de somnolence, la Cour adopta les conclusions de Nicolet, qui avait résumé le système de sa cause dans cette formule dont

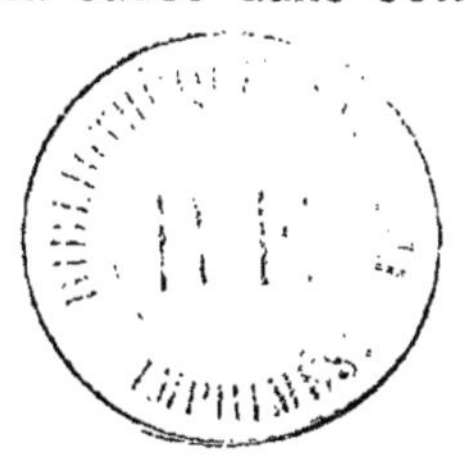

le principe est rappelé dans l'arrêt : « Laissez le naturaliste, laissez le philosophe; prenez l'homme, c'est l'homme qui a testé. »

Si je ne redoutais, Messieurs, la sécheresse et la monotonie d'une telle nomenclature, il me serait facile d'énumérer un grand nombre d'affaires qu'il a plaidées dans les genres les plus différents : recherches de filiation, nullités de testaments, séparations de corps [1], et ces causes artistiques qui convenaient si bien aux facultés de son esprit [2].

Je ne vous aurais donné de l'avocat qu'une incomplète idée, si je ne vous disais à quel prix Nicolet achetait ses succès. Doué d'une conception très prompte, il connaissait cependant tout le prix du travail. Il était persuadé que si les dons heureux de l'esprit préparent les belles plaidoiries, le travail seul les achève. Aussi n'abordait-il jamais la barre sans s'être livré à une étude approfondie de sa cause, étude dont une rare faculté d'assimilation doublait la puissance. Il ne se contentait pas d'assurer les grandes lignes de sa discussion, de fixer dans son esprit les faits et les arguments en un ordre méthodique : imbu de cette idée que « la plume est le grand maître de la parole », il se plaisait à tracer sur le papier l'esquisse de sa pensée, et à préparer les couleurs dont il devait la peindre.

Il rédigeait ensuite ses notes. Elles étaient ciselées comme une œuvre d'art et soignées comme sa per-

---

1. En 1867, il plaidait l'importante affaire des chaises de l'Exposition où il avait pour adversaire la Commission impériale présidée par M. Rouher.

2. Nicolet fut élu, le 15 juillet 1870, avocat de la Comédie-Française, en remplacement de Me Marie, décédé.

sonne. L'imagination, qui aime à voir dans les choses le reflet des hommes, s'est représenté Buffon dans son cabinet de travail, paré pour écrire ses ouvrages de l'habit de courtisan, en manchettes et poudré, l'épée du gentilhomme au côté. Il est permis de supposer que Nicolet, même pour écrire la *Théorie de la Nature,* eût laissé de côté l'épée et probablement les manchettes de Buffon; mais, en lisant ou seulement en regardant ses notes, on y retrouve quelque chose de l'élégance naturelle de l'homme. C'est un régal pour les yeux autant que pour l'esprit. Tout est indiqué, non seulement les principaux faits qui sont les points de repère de la discussion, mais les transitions qui doivent en fondre les divers éléments dans un harmonieux ensemble, les traits destinés à animer et à colorer le discours. La plaidoirie est là tout entière ; on en découvre la structure et l'anatomie, comme, dans une statue bien polie, on voit courir sous le marbre la ligne des veines et le dessin léger des muscles.

Nicolet avait au plus haut degré le respect et l'amour de sa profession. La générosité naturelle de l'homme lui inspirait un ardent dévouement pour ses clients. Il se donnait entièrement à eux. Montaigne a écrit « qu'il fallait se prêter aux autres et ne se donner qu'à soi-même ». Personne ne pratiqua moins que Nicolet cette maxime égoïste. Il n'accordait pas sa confiance à la légère. Avant d'être l'avocat de la cause, il en était le juge; mais les décisions du juge se ressentaient du tempérament de l'avocat. La justice qu'il rendait était une justice humaine entre toutes, car il prenait pour régulateur de sa conviction l'équité plutôt que le droit. Il ne plaidait pas une affaire sans l'avoir loyalement gagnée devant sa conscience. Dans son cabinet, il multipliait les objections, ingénieux à se combattre lui-même. Mais, ses doutes une fois dissipés, avec quelle intrépide conviction il se présentait à la barre ! Comme il était vraiment le patron des intérêts, de l'honneur et de la liberté de ceux qu'il défendait ! Il ne lui suffisait pas toujours de faire triompher sa cause, il aimait aussi à faire à ses clients les honneurs de l'audience ; et, comme son esprit le portait à voir dans la nature humaine les vertus plutôt que les imperfections, on pourrait dire de certains d'entre eux ce que La Bruyère disait des Romains de Corneille, « qu'ils étaient plus grands et plus Romains dans ses vers que dans leur histoire ».

S'il ne connaissait pas les difficultés de la lutte pendant le combat, il ignorait la résignation après la défaite. On a vu quelquefois les clients consoler leur avocat ; mais pour Nicolet ces consolations, si désintéressées qu'elles fussent, n'étaient pas toujours suffisantes pour adoucir l'amertume de ses regrets. S'il a eu parfois à ressentir les blessures inévitables de l'ingratitude, il a souvent aussi conquis la reconnaissance de clients que son dévouement avait touchés. Aux débuts de sa carrière, cette reconnaissance se manifesta sous une forme aussi touchante qu'imprévue. Il avait eu pour client un danseur italien du nom de Marcosti qui, vers 1840, avait joui à Paris d'une certaine vogue. Le danseur fut si profondément ému de l'intérêt que lui avait témoigné son avocat qu'à sa mort on trouva un testament instituant Nicolet son légataire universel. La succession ne se composait guère, en dehors de nombreux créanciers, que d'une *Histoire de la Danse*, inédite, écrite de la main de Marcosti, le célèbre Marcosti... disait le titre. Nicolet, persuadé plus que jamais que « la manière de donner vaut mieux que ce que l'on donne », suivit le convoi de son ancien client, et, tout en faisant des réserves expresses sur le titre d'héritier auquel il n'avait nul droit, paya une partie des frais du convoi, qu'une représentation, organisée après le décès de Marcosti, n'avait pu couvrir.

Beaucoup d'entre vous, Messieurs, ont connu l'affabilité et le charme de ses relations confraternelles. Sa nature, très ouverte et très franche, savait tempérer par la plus aimable courtoisie la liberté ou la vivacité de ses appréciations; prompte aux extrêmes, elle faisait tout oublier par la soudaineté et la vivacité de ses retours. Avait-il, dans la chaleur et l'emportement de la lutte, blessé involontairement un de ses adversaires, sa main était aussitôt tendue pour effacer, par une amicale étreinte, l'amertume qu'il avait pu causer.

Personne n'avait à un plus haut degré que lui le sentiment de l'honneur et de la dignité professionnelle. « Je n'écris qu'aux gens de ma connaissance », disait Dupin aîné, aux hommes d'affaires envoyés par de grands seigneurs qui sollicitaient de lui des conseils, mais s'abstenaient de se rendre dans son cabinet[1]. Nicolet eut, lui aussi, l'occasion de maintenir avec fermeté les usages du barreau dans les circonstances suivantes : Le nom d'un des grands souverains d'Europe figurait dans un procès pendant devant le tribunal de la Seine : l'ambassadeur de ce souverain fit porter par un secrétaire le dossier à Nicolet, en le priant de vouloir bien venir en

1. TOMMY MARTIN, *Éloge de Dupin aîné.*

conférer avec lui. Nicolet, en termes des plus courtois, oppose les règles de l'Ordre. Insistance du secrétaire, qui rappelle que l'ambassadeur sur le sol étranger, c'est le souverain lui-même; et qu'il n'est pas d'usage que les souverains se dérangent même pour leurs procès. Mais Nicolet persista, et le lendemain l'ambassadeur était dans le cabinet de l'avocat. Les principes étant ainsi sauvegardés, Nicolet rendit quelques jours après sa visite à l'ambassadeur; celui-ci était absent, mais l'ambassadrice prévenue vint occuper sa place. Peu de temps après, la princesse, ayant à faire choix d'un avocat pour soutenir un procès en diffamation contre un journal, confia ses intérêts à Nicolet. Le défenseur du journal était Laurier, qui faisant allusion à la distinction et à l'élégance de la parole de Nicolet, loua au début de sa plaidoirie « l'éloquence princesse » de son contradicteur. Nicolet, qui protesta un jour contre l'épithète de savant que lui décochait malicieusement Dufaure, au cours d'un débat où il avait entrepris l'exposé de la théorie ardue des legs conjoints, accepta avec un sourire le compliment de Laurier.

Nicolet avait puisé au milieu de nous le sentiment et le besoin de l'indépendance. Il ne donnait pas à la politique les loisirs de sa vie judiciaire : il était peu fait pour elle, et elle moins encore pour lui. Il eût difficilement consenti à absorber sa personnalité pleine de vie et de mouvement dans la discipline d'un groupe : l'art des tempéraments et des concessions lui eût été peu familier. Comme il n'enveloppait pas la justice et la vérité dans les plis étroits d'un drapeau politique, il était l'avocat de tous ceux qui avaient besoin de lui, et non pas seulement de ceux dont il aurait pu avoir besoin. Sa parole était une force qu'il dépensait sans compter au service de ceux qui en invoquaient le secours[1]. Les hommes dont les idées politiques étaient le plus opposées aux siennes pouvaient faire appel à son talent ; ils étaient sûrs de trouver accueil auprès de cet esprit aussi élevé que généreux.

Le talent de Nicolet portait au plus haut point l'empreinte de sa personnalité, en sorte que le portrait de l'avocat ne serait pas complet, si je ne vous parlais en même temps de l'homme. Nicolet a les goûts que l'on conçoit d'une nature aussi délicate : ce qui est le superflu pour beaucoup est le nécessaire pour lui. La littérature, les arts, le théâtre sont la récréation et l'aliment de son esprit; et, par la place qu'il leur fait dans son existence, on devine de quelles émotions profondes ils sont en lui la source. A son foyer hospitalier, il savourait le plaisir d'intimités précieuses comme celles de Félicien David, Membrée, Gustave Doré. Il avait le sentiment le plus vif des beautés littéraires, et il savait admirer. Mais son admiration, qui mettait chaque génie et chaque talent à son plan et à un niveau distinct, avait établi dans son esprit une sorte de hiérarchie, qu'il ne laissait jamais troubler sans de vives protestations; et cette susceptibilité donna un jour naissance à une scène d'audience dont le souvenir est resté.

Il plaidait devant un tribunal de province une affaire de séparation de corps : le mari reprochait à sa femme d'avoir

1. En 1876 il soutenait la plainte en diffamation intentée contre plusieurs journaux par le directeur de l'École de la rue des Postes, le R. P. Dulac; et peu de temps après il présentait la défense de M. Rouvier qui fut acquitté.

violé la foi conjugale. Nicolet repoussait cette accusation, et prétendait que pendant l'absence du mari sa cliente n'avait vécu qu'avec le Dante dont elle était une grande admiratrice, admiration que partageait Nicolet. Sa plaidoirie terminée, son adversaire prend la parole, et entreprend de prouver que le poète italien n'avait pas à lui seul occupé la solitude de l'épouse infidèle ; mais, par mégarde sans doute, au lieu de prononcer le nom du Dante, il prononce celui du Tasse. Aussitôt Nicolet se lève, et, protestant avec la même énergie que s'il se fût agi de la plus grave erreur de fait : « Je n'ai pas dit que ma cliente vivait avec le Tasse, mais avec le Dante ! Le Dante, Messieurs ! » s'écrie-t-il d'un accent où perçait une admiration enthousiaste pour le poète italien, et en promenant son regard sur tout l'auditoire, comme pour le prendre à témoin de l'erreur commise par son adversaire. L'auditoire s'inclina respectueusement devant la grande figure qu'évoquait la voix ardente de Nicolet; mais, quelques jours après, le tribunal rendait un jugement contraire à sa cliente, jugement qui prouvait au Tasse qu'il n'avait rien à envier au Dante.

Nicolet maniait la plume aussi bien que la parole et il possédait à un haut degré « ces qualités du lendemain » dont parlait un critique éminent en louant un orateur. En dehors de ses discours nous n'avons de lui qu'un seul écrit, une monographie publiée en 1868, où il expose les moyens de rendre la justice meilleure et plus prompte, en corrigeant certaines imperfections de notre organisation judiciaire. Il place au premier rang de ses préoccupations l'indépendance de la magistrature ; et au nombre des réformes qu'il juge nécessaires, il indique la suppression de certains tribunaux d'arrondissement, « qui ne parviennent que par des prodiges d'habileté à défrayer en apparence leur activité réglementaire. Lieux d'attente où les nouvelles recrues soupirent après la terre promise, champs d'asile où les vétérans des obscurs services viennent demander l'*otium cum dignitate* des derniers jours ». La réforme, ajoutait-il, est difficile à réaliser, « car il faut prévoir que les villes ainsi déshéritées protesteront au nom de leurs intérêts ou de leur antique splendeur ».

Il prophétisait vrai[1].

Nicolet fréquentait beaucoup le monde, et recherchait surtout les salons où l'on cause. Il avait pour la conversation le goût prononcé du XVIIIe siècle; et, par certains côtés de sa nature, il rappelle les esprits de ce siècle, causeurs aimables et fins lettrés, ornements d'une société élégante, éprise des arts, où la recherche s'accorde avec la faculté très-vive de sentir et d'être ému, où la sensibilité s'exalte aisément en s'exprimant, et qui se plaît à mettre le raffinement dans la pensée et le langage, comme le rouge sur la physionomie, afin d'en relever l'expression et d'en augmenter l'éclat.

Est-ce devant vous, Messieurs, que je dois ajouter qu'en Nicolet les qualités du cœur égalaient les qualités de l'esprit?

Quelques années après la guerre, il disait dans une réunion : « Il en est qui prétendent que l'esprit et la gaieté sont le mal incurable du pays. Laissons-les dire ; et n'oublions pas que l'esprit n'a rien perdu pour faire route avec

1. La Fontaine, *le Chat et le Vieux Rat*.

le cœur. » Il se peignait lui-même en parlant ainsi ; chez lui, l'esprit faisait route avec le cœur. Lorsqu'il recommandait aux stagiaires de « fuir comme un des fléaux de notre pays cette manie gouailleuse qui ne s'arrête devant rien, qui fait main-basse sur tout, et qui a fini par s'affubler d'un nom auquel l'Académie a été contrainte d'ouvrir, d'entr'ouvrir son dictionnaire », ce n'était pas le moraliste qui parlait, mais l'homme que ravissaient une belle action, un beau vers, un sentiment éloquemment exprimé.

Nicolet a joui de ce rare privilège que ceux qui l'ont le plus connu, sont aussi ceux qui l'ont le plus aimé; et lui-même a montré, par un bel exemple, tout ce que son amitié renfermait de chaleureux et intrépide dévouement. Pendant son séjour à Compiègne, au cours d'une conversation tenue dans le salon impérial, le nom de Jules Favre fut prononcé ; et quelques paroles, qui n'étaient pas précisément empreintes de sympathie, se firent entendre. Nicolet, froissé dans ses sentiments pour le grand orateur, protesta avec vivacité, et commença l'éloge enthousiaste du redoutable adversaire de l'empire. « Songez-vous, continua-t-il, à ce qu'a fait récemment Jules Favre? Je vais vous le dire, et vous jugerez ensuite l'homme et l'avocat. » Et il raconte que Jules Favre, dans une affaire criminelle qui mettait en jeu des intérêts civils , avait reçu de l'une des parties qui lui avait écrit pour le prier de se charger de son affaire, une somme considérable. Le même jour, une autre lettre lui arrive : elle est signée de la partie adverse qui lui adresse la même demande, mais en ajoutant que, sans aucune fortune, elle ne peut payer son avocat : c'est à son dévouement et à son désintéressement qu'elle fait appel. Jules Favre n'hésite pas entre ces deux clients;

il renvoie au premier son dossier et son argent, et écrit au second qu'il se charge de sa cause. « Tel était Jules Favre! » s'écrie Nicolet.

A ces paroles succéda un profond silence, qui fut presque aussitôt interrompu par ces mots : « L'audience est levée. » C'était l'empereur qui survenait; il avait entendu la fin du récit de Nicolet, et, souriant à son hôte, il lui dit : « C'est bien, cela, Monsieur Nicolet, d'être l'ami de ses amis. » Jules Favre n'apprit ce fait que tardivement, et il resserra plus étroitement les liens de profonde sympathie qui l'unissaient à son confrère. Ce trait, que j'ai choisi entre beaucoup d'autres, marque bien la générosité de l'homme incapable d'un calcul personnel et égoïste.

Je n'aurais pas acquitté, Messieurs, la dette du jeune barreau envers sa mémoire, si je ne rappelais le sentiment de profonde et naturelle bienveillance qu'il avait pour lui. Il avait formé le projet de transformer la réunion de colonne dont il était le président, ou plutôt de la compléter, en entretenant une intimité constante avec les stagiaires qui en faisaient partie et se destinaient au barreau. Son rêve eût été de vivre au milieu d'eux, comme Cicéron au milieu de ses disciples, et, par de longues causeries, consacrées à la profession d'avocat ou aux théories de l'art de la parole, et qui se fussent, plus d'une fois, j'imagine, terminées par la lecture d'une belle page de prose et de poésie, d'éveiller dans leurs cœurs l'amour de cette profession à laquelle il avait voué sa vie. Mais le Palais n'est pas le Forum romain; et Cicéron luimême, obligé de se plier à nos mœurs judiciaires, malgré les prodigieuses ressources de son talent, eût été fort embarrassé pour trouver, dans l'intervalle de deux audiences, le temps nécessaire à l'enseignement de ses disciples. Nicolet dut renoncer à ce dessein, et se borner à être, pour ses jeunes confrères, un des maîtres les meilleurs et les plus utiles. Il les instruisait en s'aidant de leurs trava x ; et, après leur avoir donné ses leçons et ses conseils, il était heureux de leur ménager lui-même les occasions de les appliquer. Il aimait à les appeler « ses enfants », et ce mot, qui le peint bien, indique la sollicitude toute paternelle dont il les entourait, et le charme profond de cette collaboration, où le cœur tenait une place à côté de l'esprit. La communauté des travaux pouvait cesser : l'affection et la reconnaissance lui survivaient ; et, en voyant aujourd'hui le culte qu'ont pour sa chère mémoire ceux qui furent ses secrétaires, j'ai pu à la fois deviner le prix des bienfaits, et juger combien en étaient dignes ceux-là mêmes qui les avaient reçus. Si le maître a été longtemps le guide honoré de ses disciples, aujourd'hui, dans ce Palais, au sein même du Conseil de notre Ordre, les disciples font à leur tour l'honneur du maître par leur talent et la dignité de leur caractère.

Nicolet était depuis longtemps membre du conseil, quand les suffrages presque unanimes du barreau lui conférèrent le titre de bâtonnier qui, disait-il, avait été « le seul rêve ambitieux de sa vie ». Le discours qu'il prononça à l'ouverture de la Conférence est encore dans la mémoire de tous.

Un de nos maîtres[1] l'a très justement appelé « un hymne

1. Me Barboux.

à la jeunesse ». Après avoir fêté « les dieux de la jeunesse », il adresse à son auditoire les conseils de son expérience. Il lui signale surtout un écueil, « l'impatience d'arriver ». — Mais avant d'indiquer le remède de ce qu'il considère comme un mal, il se plaît à en rechercher les causes. — C'est la science qu'il regarde comme la grande coupable, « la science, dont les inventions merveilleuses ont transformé nos habitudes et nos ambitions », déshabitué les esprits de la patience, et fait croire que désormais « la vie normale, c'est la vie en train rapide ». La science ici, Messieurs, serait peut-être fondée à ne pas accepter toute la responsabilité que Nicolet lui assigne. Il y a bien des années, sous la Restauration, à une époque où elle n'avait pas encore multiplié ses merveilles qui sont l'un des bienfaits de notre temps, un bâtonnier de notre Ordre reprochait déjà aux stagiaires de désirer avec trop d'ardeur les succès rapides ; ce qui semblerait indiquer que ces stagiaires ne profitaient guère, pour apprendre la patience, des nombreux loisirs que leur faisaient les moyens de locomotion qui s'imposaient à eux, quand ils venaient des provinces les plus éloignées de la France à Paris. L'impatience du succès professionnel tient donc à une cause toute morale : ce qui nous permet d'applaudir sans réserve aux progrès de la science.

Mais c'est principalement sur le remède qu'insiste Nicolet ; et, à cet effet, il a recours aux vieilles méthodes de la science elle-même, dont le principe est, que pour triompher d'un mal il faut lui opposer un remède qui lui soit contraire ; et c'est ainsi que, pour combattre dans le cœur de la jeunesse l'ennui et le découragement, fruits de l'impatience, « il lui trace la riante nomenclature des plaisirs qui se disputent ses loisirs pour féconder son avenir [1] ». Il la fait sortir de ce cabinet de travail où d'Aguesseau enfermait l'avocat pendant de longues années; et, convaincu que la pratique du monde est le meilleur des livres et le plus efficace des enseignements, il veut qu'elle recherche et qu'elle goûte dans les milieux où il se rassemble les plaisirs de l'intelligence. Littérature, beaux-arts, rien ne doit lui être étranger. Jamais programme ne fut plus varié, plus attrayant, moins morose. Avec un pareil maître, avec d'aussi radieuses perspectives partout et de tous côtés ouvertes, qui ne se résignerait aisément à attendre « sur le banc d'école » les clients et la fortune.

En nous donnant ses conseils, Nicolet nous livrait lui-même les secrets de sa méthode. Ses préceptes portent bien la trace des tendances de son esprit.

Il ne demande pas à ceux qu'il instruit « de consacrer les années précieuses de la jeunesse à entasser dans leur esprit les diverses solutions qu'a préconisées, pour chaque hypothèse juridique, la verve batailleuse des commentateurs, ni même les variations sans nombre que, dans son inaltérable sérénité, a traversées la souveraine sagesse de la jurisprudence. » Il leur recommande au contraire « d'étudier dans les chefs-d'œuvre des maîtres du sentiment, du goût et de la pensée, les secrets de l'éloquence; et, par un commerce familier avec les philosophes, les historiens, les moralistes, les orateurs et les poètes, dont le génie a illuminé le monde, d'étendre le domaine de leur savoir, de nourrir leur raison, d'ennoblir leur cœur. »

Peut-être y avait-il, dans ce séduisant tableau qu'il nous

1. NICOLET, Discours du Bâtonnat.

traçait du chemin qui devait nous conduire au succès, quelque chose de l'enthousiasme du voyageur qui, arrivé au but, oublie les fatigues et les aspérités de la route, pour ne se souvenir que des ombrages sous lesquels il s'est reposé, des sources qui l'ont rafraîchi, des sites qui ont charmé sa vue : sentiment bien naturel de la part de Nicolet, qui avait fait une si large place à ces nobles et délicates jouissances dont il nous entretenait. En nous ouvrant ces perspectives, il avait bien soin d'ailleurs de placer au premier plan une figure sévère et presque morose, comme il le disait lui-même... le travail. Il connaissait en effet autant que personne « les exigences jalouses de cette profession qui n'aime pas les amours partagés [1] » ; il connaissait également le prix de ces labeurs opiniâtres et sans repos qui sont la force et l'honneur du barreau ; mais il était aussi persuadé que le travail ne donne pas tous ses fruits, s'il ne trouve en dehors de lui un aliment et un réconfort ; que les utilitaires ne sont pas toujours les plus près de la vérité, et que l'amour du beau ne doit jamais le céder, pas plus dans les esprits que dans les cœurs, à la recherche exclusive de l'utile.

Ceux d'entre nous qui ont assisté aux conférences qu'il a présidées en ont conservé un vif souvenir. Préoccupé du choix des questions, il donnait la préférence à celles qui, sans entraîner la discussion dans l'examen des théories abstraites, l'élevaient naturellement, et ouvraient des échappées dans le domaine de la littérature, des arts et du sen-

---

1. Falateuf, Discours du Bâtonnat.

timent. Il n'aimait guère que l'orateur se bornât à reproduire avec la plus scrupuleuse exactitude les opinions des jurisconsultes les plus célèbres depuis Dumoulin jusqu'à nos jours : il voulait qu'il fît un pas de plus en avant; et il souriait à ses efforts, lorsque, maître de son sujet, assez sûr de lui pour dégager de la discussion des idées neuves et saisissantes, il essayait d'imprimer à son discours un cachet original et personnel. L'élégance de la forme, la distinction de la pensée, toutes ces qualités qui étaient siennes, il désirait les rencontrer et les naturaliser parmi nous. Au milieu de ces tournois dont il était le juge, notre bâtonnier saluait d'un sourire le rapide passage des poètes dont il entendait citer les vers, les traits heureux du discours, les images pittoresques. On retrouvait la trace du plaisir qu'il prenait à ces luttes de la parole dans les mercuriales, où le juge et le causeur se montraient, l'un avec son indulgence, l'autre avec son esprit ingénieux et pétillant. Elles étaient le grand attrait de la fin de la séance ; et de nombreux auditeurs venaient écouter ces entretiens, où le bâtonnier donnait au talent des éloges précieux, et à ceux que la parole ou l'inspiration avait trahis, les enseignements et les conseils qui devaient leur préparer une revanche.

Ce furent les beaux jours de son bâtonnat. Les stagiaires d'alors ont conservé un souvenir reconnaissant de cette bienveillance affectueuse que nous a rappelée celui de ses successeurs dont il nous a été donné d'apprécier de plus près le zèle infatigable et le dévouement, et qui joint si bien à l'éclat du talent le charme d'un esprit toujours jeune et d'un cœur toujours ouvert.

Peu de temps après la reprise de nos travaux, une circonstance solennelle fut pour Nicolet l'occasion d'un véritable triomphe oratoire. Au mois de janvier 1879, une foule nombreuse se pressait dans la salle des Pas-Perdus pour assister à l'inauguration de la statue de Berryer. Nicolet devait prendre la parole au nom du Barreau. L'impression produite par son discours est encore vivante parmi nous. L'Académie française, les amis politiques du grand orateur, avaient apporté leur tribut d'admiration à sa mémoire. Nicolet monte à la tribune, et, dans des accents pleins de grandeur, il retrace la vie de Berryer : ses défaites politiques « d'où l'orateur sortait si grand qu'on croyait voir passer le triomphateur » ; les légendes sublimes de son éloquence; puis, à côté des dons éclatants de ce maître de la parole, les qualités généreuses de l'homme : sa fière et rétive indépendance; une fidélité politique que ne peuvent troubler les cruels déplaisirs de ses constantes défaites; « l'amour obstiné du droit, l'invincible besoin de la libre parole défendant la pensée libre, toutes ces religions qui sont nôtres! » s'écrie Nicolet, pendant qu'aux yeux de l'auditoire, ravi et transporté, la statue du grand orateur s'éclaire du reflet de son génie!

Ce grand succès fut le dernier. Atteint d'une maladie dont il avait contracté les germes en 1870, Nicolet avait longtemps lutté avec une indomptable énergie; mais le mal avait vaincu sa résistance, et les ressources de la science secondées par un admirable dévouement. C'était par une force morale peu commune qu'il avait pu surmonter ses assauts pour paraître encore au Palais; et c'était un surprenant spectacle que l'effort de cet esprit qui, dans un corps débile et miné par la souffrance, retrouvait au milieu de la lutte des accents de jeunesse et de gaieté. — « Je vieillis, disait-il, car je ne sais plus écouter de sang-froid mes adversaires. » Il semblait au contraire à ceux qui l'entendaient que la barre possédât le merveilleux pouvoir d'endormir la douleur chez ce vaillant athlète, et de retremper ses forces. Mais les premiers mois de son bâtonnat étaient à peine écoulés, qu'il fut obligé de quitter le Palais pour se retirer sous un climat plus doux ; et au mois de décembre 1879, à la reprise des travaux du stage, au moment où nous espérions revoir notre bâtonnier, ce fut Jules Favre qui vint prendre sa place à la tête du barreau.

Singulier rapprochement de la destinée! Ce n'était plus le fier et intrépide orateur d'autrefois, mais l'homme dont tant de tristesses et tant de deuils, les siens et les nôtres, avaient encore assombri le visage, et courbé la stature qui pliait sous le poids de la vie comme sous le poids d'un trop lourd fardeau. Quel contraste avec ces jours lointains où, dans le procès Orsini, Jules Favre et Nicolet se levaient tous deux du même banc de la défense : l'un à la veille d'être élu bâtonnier de notre Ordre et dans tout l'éclat de sa brillante carrière; l'autre, pour qui la renommée commençait, avec les perspectives radieuses de l'avenir ; et ceux où nous les retrouvions unis dans la douleur et la souffrance ! En ramenant Jules Favre dans ce Palais, où des acclamations enthousiastes saluèrent sa présence, il semblait que la destinée eût voulu réveiller les échos des triomphes évanouis du grand orateur, pour mêler aux dernières lueurs de sa vie les premiers rayons de la gloire.

Jules Favre prit la parole, et il nous lut, après l'avoir fait précéder de quelques paroles pleines d'une pénétrante émotion, la lettre où Nicolet adressait aux membres du barreau décédés dans l'année judiciaire, l'adieu fraternel. Mais pendant qu'il lisait, l'esprit se détachait de lui pour se reporter vers ces lieux où, sous les chauds rayons du soleil du Midi, Nicolet subissait un douloureux exil! On devinait la profonde amertume qu'il devait ressentir, et qui rendait plus cruelles encore les épreuves de la maladie! S'il fut en effet un jour où son âme, si habituée qu'elle fût à la souffrance, dut s'avouer vaincue, ce fut celui où de ses mains fatiguées la plume tomba impuissante, et où il dut renoncer à l'espérance longtemps caressée de nous apporter le témoignage d'une affection et d'un dévouement qui, comme il le disait lui-même, « ne devaient cesser qu'avec le dernier battement de son cœur ».

Vous vous rappelez, Messieurs, cette séance mémorable où le Barreau recevait l'adieu de deux de ses chefs illustres! Les sombres pressentiments dont nous étions agités devaient bientôt se réaliser. Quelques semaines plus tard, Jules Favre succombait; et au commencement des vacances le Palais dispersé apprenait la mort de Nicolet [1].

« Je n'ai été et je n'ai voulu être qu'avocat », disait-il le jour de son élection de bâtonnier. Sa vie est le beau com-

1. 10 septembre 1880.

mentaire de ces paroles. Engager toutes les facultés de son intelligence et les ressources de son talent au service de la justice et du droit ; se dévouer à ces causes immortelles, les plus belles qui puissent enflammer le cœur de l'homme ; pour préparer plus sûrement leur triomphe, tendre d'un constant effort vers la perfection de son art : tel est l'enseignement de cette vie, où les qualités de l'esprit se rehaussent de la noblesse du cœur, qui s'est toujours inspirée des plus pures et des plus généreuses passions, et dont le Barreau, qui a le culte de toutes ses gloires, gardera le souvenir !

www.ingramcontent.com/pod-product-compliance
Ingram Content Group UK Ltd.
Pitfield, Milton Keynes, MK11 3LW, UK
UKHW012115240726
13965UKWH00004B/1789

9 782013 046084